LÉOPOLD GRAVIER

L'AMBITION AU THÉATRE

DU ROLE DE LA FEMME

..... Impellens quidquid summa petenti
Obstaret, gaudensque viam fecisse ruina.
(LUCAIN], *La Pharsale.*)

PRIX : 50 CENTIMES

PARIS
IMPRIMERIE D. JOUAUST
RUE SAINT-HONORÉ, 338

1873

L'AMBITION AU THÉATRE

DU ROLE DE LA FEMME

LÉOPOLD GRAVIER

L'AMBITION AU THÉATRE

DU ROLE DE LA FEMME

..... Impellens quidquid summa petenti
Obstaret, gaudensque viam fecisse ruina.
(LUCAIN, *La Pharsale.*)

PARIS
IMPRIMERIE D. JOUAUST
RUE SAINT-HONORÉ, 338

1873

L'AMBITION AU THÉATRE

DU ROLE DE LA FEMME

MACBETH. — BRITANNICUS. — RICHARD DARLINGTON. MADAME FRAINEX.

M. Saint-Marc Girardin fait remarquer dans ses études sur la littérature dramatique qu'il est curieux parfois d'observer comment, à des époques différentes, les mêmes passions sont mises en œuvre par les poëtes ; comment aussi la solution de crises analogues peut varier. Et, donnant aussitôt à ce qu'il avance l'autorité de l'exemple, il cite trois romans où se trouvent les personnages obligés, le mari, la femme et l'amant, et qui se terminent tous trois par un suicide. Il constate qu'au XVIII siècle, dans *la Nouvelle Héloïse* (1761), c'est la femme qui se tue ; dans *Werther* (1774), c'est l'amant ; enfin, au XIX siècle, dans *Jacques* (de George Sand), c'est le mari qui se donne la mort.

On a beau tenir compte de la nationalité particulière

des trois poëtes et de la différence d'époque, surtout pour le dernier, on ne saurait expliquer par cette seule raison la progression de ces trois dénoûments. Sans nul doute, aucun des trois écrivains n'a voulu faire la contre-partie de l'œuvre de l'autre, et ces solutions opposées d'une situation identique se sont imposées à leur esprit comme la déduction forcée de leur manière propre de concevoir le même sujet.

Le curieux rapprochement que faisait, il y a plus de vingt-cinq ans, l'éminent professeur, nous a semblé intéressant à tenter au sujet d'une passion qui, dans le jeu de la société humaine, exerce une influence aussi grande que celle de l'amour, — on pourrait dire plus grande, car l'homme a renoncé depuis longtemps à l'amour qu'il est encore en proie à l'ambition.

Nous ne saurions avoir l'intention de faire une étude générale sur la manière dont a été comprise par les différents poëtes cette passion terrible qui inspire les plus belles actions comme les plus grands crimes ; nous désirons seulement rechercher quel rôle a été donné à la femme, et particulièrement à l'épouse, dans les drames où l'on a mis en scène un ambitieux. L'époux a-t-il rencontré dans sa compagne un auxiliaire docile, intelligent, passionné? N'a-t-il trouvé, au contraire, en elle qu'un être passif, incapable de s'intéresser aux grandes conceptions qui hantent son cerveau, refusant de s'y associer, s'efforçant même parfois de les déjouer? Que résultera-t-il alors de cette alliance d'ardentes ambitions ou de cette lutte sourde d'intérêts et de convictions?

Voilà l'ordre d'idées dont nous voulons nous occuper. Pour champ d'étude nous avons pris quatre œuvres qui, en raison de leurs dissemblances, ne concourent que mieux à notre but. En les choisissant, d'ailleurs, nous n'avons pas voulu prétendre que celles-là primaient les autres ni qu'on n'en pourrait trouver d'également intéressantes; nous avons pris celles qui nous étaient le plus familières et qui ont, en outre, le précieux avantage de porter un même enseignement, bien qu'elles aient été composées à plus de deux siècles de distance, et qu'elles nous transportent chacune dans un monde différent, au milieu de mœurs nouvelles: celle-ci en plein moyen âge, celle-là aux temps florissants de l'empire romain, cette autre inspirée par les luttes parlementaires qui agitèrent la France et l'Angleterre vers 1830, la dernière enfin tendant à flétrir les scandales politiques et financiers qui ont marqué le dernier règne.

I

Outre qu'elles portent l'empreinte sacrée du génie, les deux premières de ces œuvres ont de plus que les autres le rare mérite d'être, pour ainsi dire, l'histoire même. En effet, Shakspeare, pour ne parler que de lui en ce moment, a pris le sujet de son drame dans Hollinshed; c'est là qu'il a été chercher, pour les grouper ensuite avec une habileté consommée, différents épisodes qui pouvaient frapper vivement l'esprit des spectateurs, mais qui jusqu'alors étaient restés isolés dans l'histoire ou la légende (1).

Une des scènes les plus émouvantes qui soient au théâtre, est celle où l'on est témoin du phénomène psychologique qui se passe dans l'âme de Macbeth quand il devient ambitieux. Macbeth nous apparaît d'abord honnête, n'ayant aucune mauvaise pensée ; nous sommes, pour ainsi parler, témoins de l'incubation de sa funeste passion. Pour le métamorphoser, il suffit de la triple et sinistre prédiction. Remarquez, d'ailleurs, quand le poëte fait apparaître les sorcières : ce n'est pas au moment où leurs terribles paroles pourraient laisser Macbeth indifférent et resteraient sans écho dans son âme calme ; non, c'est au retour du combat, dans l'instant où ses sens et son esprit sont soulevés par le spectacle du carnage et l'ivresse de la victoire. Cependant sa première parole est celle-ci : « Si le hasard veut que je sois roi, eh bien ! le hasard peut me

(1) *Macbeth* a été imprimé pour la première fois en 1623, mais on ignore la date certaine de la composition de ce drame. Malone suppose que c'est en 1606. Il appuie son opinion sur deux phrases de la scène 3 de l'acte II, où le portier qui va ouvrir à Macduff parle d'un fermier qui s'est pendu à cause de l'avilissement du prix des récoltes produit par leur abondance. Or, en 1606, l'année fut exceptionnellement fertile. Ce même personnage dit encore : « C'est un *équivoqueur* (*an equivocator*) qui était prêt à jurer pour et contre les deux plateaux de la balance ; il a commis suffisamment de trahisons pour l'amour de Dieu ; cependant il n'a pu tromper le ciel. » Il est presque évident que Shakspeare fait ici une allusion au jésuite Henri Garnet, qui fut pendu pour avoir appliqué dans le procès de la conspiration des poudres (1606) la doctrine de l'équivoque. — Les passages cités sont extraits de la traduction de M. Émile Montégut.

couronner sans que j'aie à faire un mouvement pour cela (1). »

Mais Macbeth ne garde pas le secret de cette glorieuse prédiction ; il sait qu'il a laissé dans son château une âme qui ressentira vivement cet espoir donné par l'enfer, un cœur qui ne faiblira pas pour aider à l'accomplissement de la prophétie ; en tout cas, Macbeth a besoin de n'être pas seul à porter cet affreux fardeau sous lequel ploie sa raison : il a mandé par lettre à sa femme l'étrange aventure. Et c'est ici que Shakspeare fait entrer en scène lady Macbeth d'une manière terrible. Elle arrive sur le théâtre, la lettre de son mari à la main. A la voir, à l'entendre lire le récit de la prédiction, le spectateur ne sait encore quelle impression sera celle de cette femme ; il doit croire qu'elle verra là seulement l'annonce d'une grandeur future, et qu'elle laissera au hasard, comme le voudrait son mari, le soin de l'accomplir. Mais à peine a-t-elle lu le dernier mot de la lettre qu'elle relève la tête et dit :

« Tu es Glamis et Cawdor, et tu seras ce qui t'a été promis ; cependant je crains ta nature ; elle est trop pleine de l'humaine tendresse pour prendre *le plus court chemin*. Tu voudrais être grand ; tu n'es pas sans ambition, *mais tu n'as pas les facultés du mal qui doivent accompagner l'ambition*. La grandeur à laquelle tu aspires, tu voudrais y atteindre *vertueusement* ; tu ne voudrais pas jouer faux jeu, et cependant tu voudrais faussement gagner ; tu voudrais avoir, ô puissant Glamis ! la chose qui te crie : « C'est « ainsi que tu dois agir, si tu veux m'avoir » ; et cette chose, tu crains plus de la faire que tu souhaiterais qu'elle ne fût défaite une fois faite. Arrive vite ici, *afin que je puisse verser mon courage*

(1) Acte I, sc. 3.

dans tes oreilles, et balayer par la vaillance de mes paroles tout ce qui te sépare du cercle d'or dont la destinée et un appui surnaturel semblent désirer te voir couronné (1). »

Lady Macbeth se révèle tout entière dans ces paroles. Avec quelle féroce naïveté elle définit l'ambition, qui « doit être accompagnée des facultés du mal ». Elle n'hésite pas ; sans avoir vu son mari, elle devine le trouble qui l'agite et s'apprête à guider ce cœur qui chancelle. Elle le dit : le crime est le chemin le plus court pour l'accomplissement de la prophétie. Sa devise semble être : « Aide-toi, *l'enfer* t'aidera ! »

Macbeth ne trouvera donc pas devant lui une conscience pure qui, effrayée par l'horreur de la prédiction, s'efforcerait d'écarter les mauvais desseins qu'elle peut suggérer, capable enfin de se mettre entre lui et le crime ; non, il aura devant lui son mauvais génie qui lui fera honte de ses scrupules et lui tracera tout un plan pour perpétrer le meurtre qui doit le faire roi. « J'ai nourri, et je sais combien il est doux d'aimer l'enfant qui vous tette : eh bien ! j'aurais arraché ma mamelle de ses gencives encore sans dents, et je lui aurais brisé le crâne pendant qu'il souriait à ma face, si j'avais juré de le faire comme vous avez juré d'exécuter ce projet (l'assassinat de Duncan). (2) »

Et, plus tard, après le meurtre de Banquo, lady Macbeth, pour apaiser le trouble du roi, lui dira de la façon la plus calme ces simples mots: « Vous avez be-

---

(1) Acte I, sc. 5.
(2) Acte I, sc. 7.

soin du remède réparateur de toutes les créatures vivantes, le sommeil. » Macbeth, lui, dans son affaissement, ne trouve que cette parole, qui peint si bien l'état de son âme : « Nous sommes encore bien jeunes dans le crime. » (*We are yet but young in deed.*)

Le drame de *Macbeth* nous présente un couple qui, étranger d'abord à la funeste passion, s'y donne ensuite corps et âme; les timidités de l'époux sont dissipées par l'énergie de l'épouse. Ils forment enfin, à eux deux, une association horrible où la femme a la plus large part; c'est elle qui décide le crime, qui en arrête le plan; encore un peu, elle l'exécuterait de sa propre main. « Si dans son sommeil, dit-elle, Duncan ne m'avait présenté la ressemblance de mon père, j'aurais moi-même fait la chose (1). »

C'est encore lady Macbeth qui se montre la plus ferme, la plus opiniâtre contre les remords. Chez elle nulle hésitation avant le meurtre, nul repentir après. Macbeth, au contraire, tremble, hésite jusqu'au moment de tuer Banquo; mais, l'assassinat une fois commis, il comprend qu'il est lancé à tout jamais dans le crime et s'efforce de chasser le remords. « Je suis entré si avant dans un fleuve de sang, s'écrie-t-il, que, si je n'avançais pas davantage, revenir serait aussi ennuyeux que de le traverser (2). » Malgré ce cri de défi, son cerveau se trouble... Tout à l'heure il a cru voir le spectre de Banquo lui apparaître et occuper sa place vide. Lady Macbeth est plus forte; chez elle la maladie

(1) Acte II, sc. 2.
(2) Acte III, sc. 4.

seule tuera l'esprit. C'est la nuit, en proie à une crise de somnambulisme, qu'elle laissera échapper quelques sinistres paroles inspirant de terribles soupçons au médecin et à la dame d'honneur qui veillent près d'elle.

M. Montégut le fait justement remarquer dans son commentaire de *Macbeth*, au moyen âge le remords, devait être pour les seigneurs criminels un épouvantable châtiment. Enfermés dans ces grands et sombres châteaux, ils n'avaient autour d'eux que des êtres subalternes ne pouvant être qu'agents, jamais complices. En raison de cette inégalité de conditions et de cet isolement moral, ils étaient seuls à porter le poids de leurs actions. Quelle redoutable intensité devaient prendre les sentiments humains dans une pareille situation! Shakspeare n'a donc pas exagéré la réalité en nous montrant Macbeth et lady Macbeth en proie, l'un à des visions en plein jour, l'autre au somnambulisme. Combien devait être atroce, à la longue, la pensée incessante du crime perpétré, et comme il est vrai ce cri de Macbeth : « Il fut un temps où, quand le crâne était brisé, l'homme mourait, et tout était fini ; mais, maintenant, voilà que les morts se relèvent avec vingt blessures mortelles sur le crâne et vous chassent de vos siéges (1)! »

(1) Acte III, sc. 4.

II

Avec *Britannicus*, Racine nous transporte dans un autre monde et à une toute autre époque. Bien que l'action de la tragédie française se passe juste mille ans avant celle du drame anglais (1), nous sommes dans une cour raffinée où les choses se font sans bruit ; on aurait horreur d'une tête coupée ou d'un corps présentant « vingt blessures mortelles » ; on empoisonne, mais on s'en défend. Du reste, Shakspeare et Racine, avec le génie qui leur est propre, procèdent d'une façon toute différente dans le développement de la passion. Le premier nous montre des individus chez lesquels la passion n'existe pas encore ; nous la voyons poindre, naître, se développer, grandir, enfin arriver au paroxysme. Racine, au contraire, nous présente les personnages au moment précis où la passion, arrivée au paroxysme, doit éclater : cet éclat produit le sujet et détermine le dénoûment.

Il est peu de figures historiques plus connues que celle d'Agrippine. Tacite s'est complu à donner d'elle un portrait fidèle, qui est une des plus belles parties de son œuvre. A défaut de Tacite, tout le monde connaît du moins Agrippine par la tragédie de *Britannicus* (2).

(1) Britannicus fut empoisonné en l'an 55. Agrippine fut assassinée quatre ans plus tard, en l'an 59. Macbeth assassina le roi Duncan en 1040.

(2) Boursault, dans sa nouvelle *Artémise et Poliante*, nous donne un

Le grand récit que l'impératrice fait de sa vie et la fable même de la pièce sont presque sa biographie entière, car elle suivra de près Britannicus. Quant à son caractère, Racine le dépeint aussi bien que l'historien latin, tant il a pénétré son modèle ; la forme dramatique semble même donner à cette figure un relief encore plus saisissant. Toute la pièce, en effet, a pour pivot bien plus l'ambition impatiente d'Agrippine que l'amour de Néron pour Junie.

Fille de Germanicus, arrière-petite-fille de Livie par le premier mariage de celle-ci avec Tiberius Claudius Néron, sœur de Caligula, Agrippine se trouvait par sa naissance sur les marches du trône. Elle aspirait plus haut et convoitait le trône même : elle s'en empara.

> Quand de Britannicus la mère condamnée
> Laissa de Claudius disputer l'hyménée,
> Parmi tant de beautés qui briguèrent son choix,
> Qui de ses affranchis mendièrent les voix,
> Je souhaitai son lit, dans la seule pensée
> De vous laisser au trône où je serais placée.
> Je fléchis mon orgueil : j'allai prier Pallas.
> Son maître, chaque jour caressé dans mes bras,

compte rendu de la première représentation de *Britannicus*, qui eut lieu le vendredi 13 décembre 1669. Corneille y assistait dans une loge. La salle était loin d'être pleine ; le public avait eu dans la journée un spectacle plus tragique : le marquis de Courboyer avait été exécuté en place de Grève. Une forte cabale était dirigée contre la pièce, et, pour opérer plus sûrement, elle était dispersée dans la salle. Boileau, champion déterminé de Racine, se faisait remarquer par ses applaudissements. Nous renvoyons à la nouvelle citée plus haut ceux de nos lecteurs qui seraient curieux de lire un piquant compte rendu d'une *première* au XVIIe siècle. — La Des OEillets créa le rôle d'*Agrippine*, Floridor celui de *Néron*.

Prit insensiblement dans les yeux de sa nièce
L'amour où je voulais amener sa tendresse.
Mais ce lien du sang qui nous joignait tous deux
Écartait Claudius d'un lit incestueux;
Il n'osait épouser la fille de son frère.
Le sénat fut séduit : une loi moins sévère
Mit Claude dans mon lit et Rome à mes genoux (1).

Une femme qui, pour s'élever, emploie de tels moyens devait tenir avec rage à conserver le pouvoir. Tacite raconte qu'un devin consulté par Agrippine lui ayant répondu que Néron serait empereur, mais qu'il tuerait sa mère, celle-ci s'écria : « Qu'il me tue, mais qu'il règne ! » (*Occidat dum imperet!*) (2) Malgré Tacite, nous croirions volontiers — et la vie tout entière d'Agrippine nous donnerait raison — qu'elle ne voulait faire élever Néron au souverain pouvoir que pour l'exercer à sa place. Cela paraît être, du reste, l'opinion de Racine, bien qu'il ait par deux fois fait allusion à cette anecdote (3). Agrippine ne dit-elle pas, dès la première scène :

> Ah! que de la patrie il soit, s'il veut, le père,
> Mais qu'il songe un peu plus qu'Agrippine est sa mère.
> . . . .
> . . . Le temps n'est plus que Néron, jeune encore,
> Me renvoyait les vœux d'une cour qui l'adore;
> Lorsqu'il se reposait sur moi de tout l'État;
> Que mon ordre au palais assemblait le sénat;
> Et que derrière un voile, invisible et présente,
> J'étais de ce grand corps l'âme toute-puissante.
> . . . .
> . . . . Le pouvoir d'Agrippine

(1) Acte IV, sc. 2.
(2) Tacite, *Annales*, liv. XIV, 9.
(3) Acte III, sc. 4; acte IV, sc. 2.

> Vers sa chute, à grands pas, chaque jour s'achemine.
> L'ombre seule m'en reste.

Cette ombre n'est pas assez pour elle. Sitôt que son fils lui échappe, qu'elle ne peut plus régner sous son nom, elle ne parle rien moins que d'aller faire proclamer Britannicus par l'armée.

Elle déclare à Burrhus qu'elle ne reculera devant rien, qu'elle « avouera les rumeurs les plus injurieuses », qu'elle « confessera tout, exils, assassinats, poison même ». Le caractère d'Agrippine ne se dément pas un seul instant, elle n'a qu'une passion, l'ambition. Soutient-elle Junie, Britannicus, Octavie, c'est encore par calcul et pour garder le pouvoir :

> Il faut qu'entre eux et lui je tienne la balance,
> Afin que quelque jour, par une même loi,
> Britannicus la tienne entre mon fils et moi.
> . . . . Je m'assure un port dans la tempête :
> Néron m'échappera si ce frein ne l'arrête (1).

Pourquoi s'oppose-t-elle au divorce de Néron avec Octavie ? Est-ce la sainteté de l'union conjugale ou le respect des vertus de sa belle-fille qui la fait intervenir ? Bien au contraire :

> . . . C'est à moi qu'on donne une rivale.
> . . . .
> Ma place est occupée, et je ne suis plus rien ;
> Jusqu'ici d'un vain titre Octavie honorée,
> Inutile à la cour, en était ignorée.
> Les grâces, les honneurs par moi seule versés,
> M'attiraient des mortels les vœux intéressés (2).

(1) Acte I, sc. 1.
(2) Acte III, sc. 4.

La voilà tout entière : tous ses crimes, débauches, inceste, assassinats, n'avaient qu'un but, le pouvoir. Aussi ne réussit-elle pas à tromper son fils. Dans un long entretien, il lui répond avec finesse que ses plaintes ont fait croire que, sous le nom de son fils, elle avait travaillé seulement pour elle, et il la démasque d'un mot :

> Si vous ne régnez pas, vous vous plaignez toujours.

C'est en effet, chez Agrippine, une idée fixe qui ne l'abandonnera qu'avec la vie, ou seulement lorsque, pénétrant les intentions de son fils, elle devra, avant tout, veiller sur ses propres jours. Mais, à l'époque où se déroule la tragédie, elle est encore si ardemment ambitieuse que, plutôt que de perdre la souveraine puissance, elle est prête à tout ; elle ne peut « en souffrir la pensée », quand même elle « devrait du ciel hâter l'arrêt fatal » c'est-à-dire la prédiction : *Occidat dum imperet!* Elle préférerait la mort à une vie que ne rehausseraient pas les honneurs et la puissance. Racine n'a pas cédé au désir de faire une magnifique imitation de Virgile (1), il a observé la vérité même de l'histoire quand il fait Agrippine s'écrier :

> Moi fille, femme, sœur et mère de vos maîtres (2) !

Quelle orgueilleuse jouissance elle éprouve en an-

---

(1) *L'Énéide*, livre 1.
Ast ego, quæ Divum incedo regina, Jovisque
Et soror et conjux.

(2) Acte 1, sc. 2.

nonçant à Junie sa réconciliation avec son fils qui, « en empereur qui consulte sa mère », lui a confié « des secrets d'où dépend le destin des humains » ! Elle est complétement revenue sur le compte de Néron qui n'a pas « de malice noire ; on abusait de sa facilité. »

Agrippine et lady Macbeth ont un même but : régner ; toutes deux ne reculeront devant rien pour arriver à leurs fins. Elles diffèrent pourtant, et ce contraste entre elles peut se résumer d'un mot : lady Macbeth est chaste. Elles sont sœurs, mais elles ont chacune les mœurs de leur époque et de leur pays, tant sont contingentes les circonstances dans lesquelles se meut la passion, qui, elle, est éternelle. Lady Macbeth et Agrippine sont bien dévorées d'une ambition aussi grande et aussi forte ; elles ont même un moyen commun, l'assassinat ; mais alors que l'Italienne, quoique toute jeune, n'hésite pas à se servir de son corps pour réussir, lady Macbeth, elle, ne souillerait pas un instant son âme d'une pareille pensée : elle est chaste.

III

Le drame de *Richard Darlington* a obtenu un très-grand succès en son temps, mais peut-être n'a-t-il pas tout le renom qu'il mérite (1). Par l'intérêt du

(1) *Richard Darlington* fut représenté pour la première fois sur le théâtre de la Porte-Saint-Martin, le 10 décembre 1831. M. Frédérick-Lemaître créa le rôle de Richard, Mlle Noblet celui de Jenny. Dumas

sujet, la hardiesse de conception, la vérité de l'expression, cette œuvre devrait tenir un rang plus élevé dans l'histoire du drame contemporain. Alfred de Musset en ressentit une telle impression le premier soir que Dumas, le rencontrant dans un corridor du théâtre très-pâle et très-impressionné, lui demanda ce qu'il avait. « J'ai que j'étouffe, » répondit le poëte. Et Dumas, qui rapporte le fait dans ses Mémoires, ajoute : « C'était, à mon avis, le plus bel éloge qu'on pût faire de l'ouvrage. Le drame de *Richard* est en effet étouffant. »

Le plan du drame est très-simple ; tout l'intérêt repose sur le caractère de l'ambitieux. Un jeune homme, Richard Darlington (Darlington est le nom du village où ses parents l'ont abandonné après sa naissance), est dévoré d'une ambition effrénée. Un intrigant de bas étage, qui l'a deviné, veut exploiter à son profit cette passion. Il engage Richard à se mettre sur les rangs pour être député à la Chambre des communes ; mais, à la première assemblée des électeurs, le candidat s'entend jeter à la face qu'on ne peut élire un bâtard. Que faire? Sa résolution est prise. Cette famille qu'il n'a pas, un mariage peut la lui donner. Il feint un vif amour pour la fille des braves gens qui l'ont élevé. Jenny apprend avec joie que, Richard n'étant pas son

raconte dans ses Mémoires que Frédérick, qui avait été admirable aux répétitions, fut prodigieux à la représentation. Quant à Mlle Noblet, « elle subit, dit-il, à ce point l'influence de Frédérick, qu'elle jeta non pas des cris de terreur feinte, mais de véritable épouvante... Lorsque Jenny lui demandant : Qu'allez-vous faire? Richard répondit: Je n'en sais rien, mais priez Dieu ! un immense frisson courut par toute la salle, et un murmure de crainte poussé par toutes les poitrines devint un véritable cri de terreur. »

frère, elle peut donner un libre cours à l'amour qu'elle lui portait et qui n'était guère fraternel. Par une habileté très-grande de l'auteur, c'est à ce moment même que Richard survient, éclairé sur sa véritable situation et cherchant à l'améliorer par un mariage. Il fait à Jenny une déclaration passionnée ; tour à tour il la prend dans ses bras, il tombe à ses genoux. La pauvre enfant, éperdue, laisse échapper l'aveu de son amour. Le père de Jenny les surprend dans ces transports. Richard se relevant froidement dit, le sourire aux lèvres, « voilà qui m'épargne une explication d'un quart d'heure. »

Ce mot le peint tout entier. Jenny et son père, aveuglés par l'affection, se laissent prendre à cette comédie. Seule, la mère a deviné ce qu'est Richard ; dès qu'on lui parle du mariage, elle refuse.

MISTRESS GREY. — Avec les années s'est développé le caractère de Richard, son caractère que j'ai suivi avec l'œil et l'âme d'une mère.... Il est ambitieux.
LE DOCTEUR. — Et tu crains cette passion ?
MISTRESS GREY. — Pour Jenny.
LE DOCTEUR. — C'est la source des grandes vertus.
MISTRESS GREY. — Et quelquefois des grands crimes.... Si ce mariage faisait à jamais le malheur de notre fille (1) !

La mère cède enfin aux supplications des siens et consent au mariage. Richard est élu. Nous le retrouvons député depuis trois ans déjà. Ses parents adoptifs sont morts, sa femme est reléguée au fond d'une campagne ; il cache d'ailleurs à tout le monde qu'il est

(1) Acte I, 1er tableau, sc. 8.

marié. Il explique à Jenny cette séparation forcée par des raisons d'économie, son peu de fortune suffisant à peine pour soutenir son rang de député. Mais Richard mauvais époux, restera-t-il honnête homme? sera-t-il un député incorruptible? Du reste, comment monter plus haut? La Chambre des lords lui est fermée en raison de son origine. Cependant son opposition acharnée décide le gouvernement à faire des ouvertures à un adversaire si redoutable. Cette fois encore le mariage peut lui conférer des droits qu'il n'a pas. Lord Wilmor, pair du royaume, a laissé une fille unique ; le roi pourrait consentir à faire revivre pour l'époux de miss Wilmor les titres de son père. Richard marié, entend faire cette proposition, en accepte les conséquences. Mais Jenny? — Le divorce. Quel motif alléguer? — Le consentement mutuel.

La scène où Richard veut persuader à sa femme de divorcer est une des plus belles du drame. L'abandon, les tortures morales, n'ont en rien diminué l'amour de Jenny. Elle écoute venir son mari, il paraît; son chagrin s'enfuit, et c'est avec une joie généreuse qu'elle l'entend lui demander *un sacrifice*. Voici ce que Richard a le courage de dire à cette pauvre femme, qui ne vit que par lui, que pour lui.

RICHARD. — ...Je n'ai pas le droit de vous vouer à l'abandon. Le sort fit une erreur en nous liant l'un à l'autre, ce n'est pas à vous à l'expier. Puis-je vous condamner à porter les liens d'un mariage qui ne vous rend pas épouse, qui ne vous fera pas mère? Ce serait une cruauté. Si une fatalité, contre laquelle j'ai lutté longtemps nous sépare...., je ne veux, je ne dois pas être un éternel obstacle à votre bonheur, et je n'aurai quelque repos, Jenny, que lorsque je vous aurai rendu, avec votre liberté, les chances probables d'un avenir plus heureux.

Jenny. — Je vous écoute sans vous comprendre, Richard.

Richard. — D'ailleurs, ce que je vous propose existe déjà à peu près pour nous avec tous ses maux, et sans que vous puissiez jouir des biens qui s'y rattachent.

Jenny. — Parlez, parlez toujours, que je vous comprenne donc..., ou, plutôt, taisez-vous, car je commence à vous comprendre, et c'est affreux....

Richard. — Ce mot (le divorce) vous effraye, parce que vous ne le voyez qu'environné de scandaleux débats, de honteuses révélations.

Jenny. — Je n'ai pas regardé l'arme, j'ai senti le coup.

Richard. — Le temps le guérira. Vous êtes jeune, Jenny, et un autre amour...

Jenny. — Oh! un autre amour!... Profanation! sacrilége! un autre amour! Tuez-moi et ne m'insultez pas! Du sang, mais pas de honte!

Richard. — Il n'y a ni sang ni honte. De grands mots et de grands gestes ne m'éloignent pas de mon but (1).

Jenny indignée laisse déborder son cœur; elle refuse de divorcer, même, — surtout, — par consentement mutuel. Richard emploie la menace. « Malheureuse! savez-vous ce dont je suis capable? — Je le devine. — Et vous ne tremblez pas? — *En souriant* : Voyez! » Richard, exaspéré, la jette à terre, et elle se blesse en tombant contre un meuble.

Les événements se précipitent. Richard qui a trahi son mandat, qui a accepté d'entrer à la Chambre des lords par un nouveau mariage, n'a plus de temps à perdre; le crime se dresse devant lui fatal, nécessaire. Il est, du reste, tellement dévoré par l'ambition, que ce moyen ne l'effraye pas. L'idée du crime ne le tour-

(1) Acte II, 1er tableau, 13.

mente — qu'on nous permette cette expression — qu'en raison du *mauvais moment à passer*; aussi met-il tout en œuvre pour l'éviter. Il essaye de faire conduire sa femme en France. Il doit croire que sa combinaison a réussi, et il revient à sa maison de campagne où l'on doit signer le contrat. Il y retrouve sa femme : un ami de la famille, qui veille sur elle, a déjoué l'odieuse trame. La malheureuse Jenny lit dans les yeux de son mari le sort qui l'attend. La force lui manque, la faiblesse de la femme revient, la chair se trouble; elle s'écrie : « Maintenant, maintenant, je veux tout ce que vous voudrez. — Maintenant, il est trop tard. — Qu'allez-vous faire? — Je n'en sais rien, mais priez Dieu! » On entend des pas : c'est la famille de la nouvelle épouse. « Il ne faut pas qu'ils vous trouvent ici, entendez-vous? » Il entraîne Jenny sur le balcon et la pousse dans le précipice. Mais ce crime sera inutile : une révélation terrible sur sa naissance anéantit ses rêves de grandeur... Il est le fils du bourreau !

Richard est le type absolu de l'ambitieux. Sous ce rapport, il se relie intimement aux modèles que nous avons déjà vus; mais, pour nous, c'est un contemporain, et il offre ainsi un intérêt plus immédiat. Il se distingue aussi par son caractère propre des autres ambitieux. Macbeth hésite, se repent, réfléchit sur son crime; c'est la terreur dans l'âme qu'il obéit à cette infernale pensée. Agrippine laisse encore parfois percer quelques sentiments d'affection. Chez Richard Darlington, rien de semblable; c'est un ambitieux à froid et c'est par là qu'il se rapproche de lady Macbeth, comme lui étrangère aux remords. Le seul mouvement honnête qu'il éprouve dure bien peu: c'est quand on fait devant lui l'éloge d'un député incorruptible :

> MAWBRAY. — Sais-tu rien de plus beau qu'un député incorruptible, que l'élu de la nation qui la défend comme un enfant sa mère ; dont la voix est toujours prête à flétrir le pouvoir, si le pouvoir tente quelque chose contre ses intérêts et son honneur; qui use sa fortune privée pour la fortune de tous, et, la session finie, sort pauvre et nu de la Chambre, comme un lutteur de l'arène? Le peuple, Richard... le peuple n'a ni or ni emplois à donner, mais il dresse des autels et il y place ses dieux.
> RICHARD. — Cette gloire est belle, n'est-ce pas (1)?

Mais, ici encore, peut-être Richard est-il moins séduit par l'honnêteté de ce beau rôle que par la gloire même qui en résulterait pour lui.

Pour Richard, non-seulement sa femme n'est pas une complice, mais elle est un obstacle ; non pas que son honnêteté ait, à un moment donné, à refuser son concours aux actes de son mari, car Jenny ignore à quel degré d'abjection morale il est tombé; mais sa seule existence barre le chemin à Richard. L'esprit, en réfléchissant à cette situation, se demande ce qui arriverait d'horrible si un ambitieux tel que Richard se trouvait lié à une femme telle que lady Macbeth. Que Macbeth ne puisse régner qu'en épousant la veuve de Duncan, se figure-t-on cette lutte, ce duel entre de tels époux? Si, appréciant la détestable influence de-

---
(1) Acte II, 1ᵉʳ tableau, sc. 5.

lady Macbeth sur son mari, nous avons pu dire justement qu'elle était son mauvais génie, comment ne pas remarquer que c'est la malédiction même que Richard lance à sa femme? « *Vous êtes mon mauvais génie!* vous êtes l'abîme où vont s'engloutir toutes mes espérances! vous êtes le démon qui me pousse à l'échafaud, car je ferai un crime (1)! » Richard tient donc à sa femme le langage que Macbeth pourrait tenir à la sienne lorsqu'elle le pousse avec tant de fureur dans le crime. Aussi est-ce une belle inspiration que cette antithèse qui fait dire par Richard, qui personnifie le mal, à sa femme, dont la vertu devrait le sauver : « Vous êtes mon mauvais génie! »

IV

Dans *Richard Darlington*, la femme ne se révolte que parce qu'on lui demande de sacrifier sa dignité d'épouse et de ruiner elle-même le bonheur qu'elle avait entrevu dans ses rêves de jeune fille. Dans *Madame Frainex*, la situation est toute différente (2).

(1) Acte III, 2ᵉ tableau, sc. 15.
(2) Cette étude a été faite d'après le roman ; nous nous réservions, pour mieux remplir le cadre que nous nous sommes tracé, de modifier ce travail sur la comédie que M. Robert Halt avait tirée de son livre pour le Vaudeville. L'interdiction dont *Madame Frainex* est l'objet nous empêche de le faire.

M. Frainex, très-riche et très-ambitieux, a choisi exprès sa femme telle qu'il la voulait, moins riche que lui et dans une famille croyant s'élever par son alliance ; enfin — c'est à ses yeux le point capital — sa femme est la cousine et la filleule d'un ministre influent (le roman se passe sous le second empire). Il a cru trouver une jeune fille insignifiante, sans direction morale dans l'intelligence, sans esprit de conduite; il a au contraire, devant lui, une femme à l'âme élevée, au sens droit, à l'esprit ferme. Il voulait un instrument docile, facile à manier, une épouse qui fût constamment dévouée à sa politique d'intrigue, libre-penseuse s'il se tournait du côté radical, dévote s'il se posait en clérical; il voulait enfin qu'en tout état de cause elle lui ménageât les bonnes grâces du gouvernement par l'entremise du ministre. Consciente ou inconsciente, une telle femme n'était pas en effet impossible à rencontrer. Au lieu de cela, il trouve une femme qui d'abord subit sa fascination, mais bientôt a horreur de ce qu'il veut lui faire faire, réfléchit, prend une résolution et ne s'en départ plus.

M. Robert Halt a bien décrit ce moment psychologique où la femme, se sentant dégradée par l'idée que son mari a pu concevoir d'elle, a conscience de la révolte de son esprit et de son cœur : « Il existe pour l'esprit des minutes lumineuses. Les tourments de la recherche ont précipité sa marche; il l'ignore, il ne sent que sa douleur et l'éloignement infini du but. Soudain la nuit se dissipe, la lumière éclate : la vérité est là, debout, devant lui. Cette belle récompense des chercheurs et des âmes droites, Juliette la connut tout entière. La paix se fit tout à coup dans sa pensée; une intuition claire chassa les ténèbres, et cette parole éclata en elle : « Je suis un être libre et inviolable. » Ce fut sans métaphysique transcendante, sans invoquer l'absolu ou la raison impersonnelle, ni la substance et le mode, ni l'abstrait et le concret : ce fut sans nuage, sans phrases, par un simple coup de bon sens, que cette honnête intelligence trancha le nœud que la dialectique des docteurs les plus illustres a serré pendant des siècles autour des idées de bien et de justice. »

Du jour où cette révolution s'accomplit dans son âme, madame Frainex devient — son mari pourrait le dire dans le même sens, mais avec plus de vérité que Richard Darlington — un mauvais génie. Pour le passé, elle s'applique à réparer le mal qu'il a fait ou qu'il lui a fait faire pour servir ses projets; dans le présent, elle déjoue ses plans en refusant de tenir le rôle qui lui est assigné; pour l'avenir, elle prend une attitude telle que la fortune politique de son mari est ruinée à tout jamais.

Frainex, déjà conseiller général, veut devenir député. N'ayant pu se faire attribuer le titre de candidat officiel, il a du moins obtenu la neutralité; il se présente en Bretagne et se place décidément sous l'égide cléricale. Ici se produit une difficulté. On ne croit guère dans ce pays, où il est inconnu, à la sincérité de ses sentiments religieux et son chargé d'affaires lui déclare qu'on le défie de conduire sa femme au pardon d'Auray. Juliette refuse : Frainex est atterré ; sa fierté d'*homme fort* s'irrite : « Comment, se dit-il avec fureur, j'en suis là ! Elle me refuse le service qu'elle me doit à tous les titres, pour lequel je l'épousai, et, après tous mes prodiges de volonté pour me passer d'elle, ma destinée se voit soumise au caprice, à la folie de cette créature ! » Cependant il insiste ; à force de subterfuges, il conduit sa femme en Bretagne ; mais là, au moment même, elle refuse encore. Alors cet homme si fier s'humilie : il veut persuader à sa femme que toute cette ambition n'est que pour elle, et que son amour est la seule cause de ses rêves de grandeur ; mais puisqu'elle n'est pas ambitieuse, il lui sacrifie tout. Juliette, troublée, ne sait plus que penser ni que faire, quand, relevant la tête, elle voit son mari fixer des yeux inquiets sur la pendule : l'heure du départ pour Auray est passée depuis deux minutes. « Ce fut le regard avide et furtif de l'animal sur la proie qu'on lui fait attendre. Il lui était échappé : Juliette l'avait surpris. » Frainex va donc seul à la procession. Deux jours après, le scrutin donnait 15,000 voix à son concurrent ; — il en avait 300.

Frainex, se voyant paralysé sur le terrain politique par la droiture de sa femme, se rejette sur les spéculations financières. Là aussi, il avait compté sans elle. Il lance une grande affaire sur laquelle il hasarde toute sa fortune ; mais des bruits de guerre se répandent sur le marché. Toutefois il pourrait encore se retirer indemne en vendant les actions de l'entreprise qu'il a montée. Le ministre, qui voudrait garantir sa filleule de la ruine, la fait venir et la prévient qu'il n'y a pas un jour à perdre, que son mari doit vendre immédiatement. « Mais, demande la jeune femme, ces actions, que vaudront-elles entre les mains de ceux qui les achèteront? — Ah! ah! reprend le ministre, peut-être trois sous la livre de papier... Elles peuvent se relever plus tard, un peu tard! Les affaires, ma chère enfant, ne sont qu'un échange de mauvais procédés.... — Vous proposez-vous d'avertir mon mari? — Puisque te voilà avertie toi-même! »

La guerre est déclarée : de là une baisse considérable. Frainex est ruiné. Il rentre chez lui et trouve le billet par lequel, quinze jours auparavant, le ministre avait prié Juliette de venir le voir. Il ne comprend pas d'abord, et il faut que sa femme lui répète qu'elle a préféré leur propre ruine à celle de ses dupes. Frainex est anéanti; il pense à la force qu'il avait en lui.... « Mais la fortune avait posé en travers de sa route un obstacle que ne rencontrent pas d'ordinaire les *hommes forts*, et qui les empêcherait de passer. C'est l'obstacle de l'intrépide conscience supérieure à toute leur énergie qui n'est faite en réalité que de la lâcheté de ceux qu'elle accable. »

Madame Frainex présente exactement la contre-partie de *Richard Darlington*. Jenny est brisée dans la lutte, elle ploie sous la volonté de fer de son mari. Madame Frainex, elle, ne fléchit pas : ni la perspective d'une union à jamais brisée, ni la ruine pour elle et pour son enfant, ne la feront détourner de la voie qu'elle s'est tracée en dehors des intrigues de son mari. En vain cet homme lui a-t-il ménagé dans ses plans d'ambition un rôle tantôt actif, tantôt passif, toujours nécessaire ; devenue consciente d'elle-même, elle refuse de s'associer, même impersonnellement, à ses bas calculs, et si, forcée par les circonstances, elle intervient contre son gré, ce sera pour réparer le mal que son mari a fait et pour le perdre à son tour.

V

Ces différentes incarnations d'ambitieux composent une gradation régulière. Lady Macbeth, c'est l'épouse qui excite au crime dans la pensée, qui s'y associe dans l'action, qui ne s'en rachète pas par le repentir. Agrippine, c'est la femme à qui le sens moral fait défaut, qui s'incarne dans le désir de régner, qui s'abîme dans l'ambition corps et âme. En regard de ces deux reines, voici deux femmes prises dans la vie ordinaire. L'une, douce, résignée, créature toute d'amour et de dévouement, qui vit pour aimer et pour être aimée, insouciante du monde extérieur, et qui ne se redresse de toute sa hauteur que lorsqu'on insulte à la sainteté de ses sentiments de femme et d'épouse. L'autre, mariée sans amour, mais respectant le lien conjugal, est un instant dupe de la supériorité factice de son mari; toutefois dès ses premiers pas dans la voie où il la veut engager, elle ouvre les yeux, s'arrête et ne tend plus qu'à se mettre en travers de son ambition malsaine.

Cette étude conduit à reconnaître que, dans l'antiquité comme au moyen âge, où la femme ne comptait pour ainsi dire pas dans la vie privée et pas du tout dans la vie publique, lorsqu'elle sortait de son obscurité pour paraître sur la scène des actions humaines, elle y jouait un rôle important, parfois terrible. Les exemples historiques ne nous manqueraient pas : Médée, Clytemnestre, Sémiramis, Judith, Agrippine, Frédégonde, Jeanne d'Arc, etc. Il est tout naturel que ce contraste ait frappé les poëtes, et que, soit en faisant appel à leur propre imagination, soit en se servant de l'histoire ou de la légende, ils se complussent à tracer de vives et exactes peintures de l'ambition chez la femme, chez la reine. De nos jours, la femme a reconquis la place à laquelle elle avait droit, et elle exerce une influence tout aussi grande, mais plus discrète. L'ambition ne saurait avoir aujourd'hui la mise en scène d'autrefois : c'est maintenant un sentiment tout intérieur. Aussi plus de confidents et peu d'auxiliaires.

Ainsi circonscrite, l'ambition assigne à l'épouse un rôle tutélaire qui n'est pas sans grandeur. A elle de discerner ce qu'il y a d'élevé et d'honnête dans les projets de son mari, de s'y associer alors par ses encouragements et ses conseils, d'être son soutien dans la lutte. Mais si elle voit l'esprit de son mari s'égarer, si de mauvaises convoitises viennent assaillir son cœur qui s'égare à la poursuite d'un bonheur déshonnête, alors l'épouse digne de ce nom devra le ramener dans le droit chemin et réveiller en son âme le sentiment de l'honneur; alors elle sera vraiment le *bon génie* de son mari.

FIN.

www.ingramcontent.com/pod-product-compliance
Lightning Source LLC
Chambersburg PA
CBHW060727050426
42451CB00010B/1663